Daniele Tasca

Um Anjo por Amigo
A história de Mateus e Camilo

Dados Internacionais de Catalogação na Publicação (CIP)
(Câmara Brasileira do Livro, SP, Brasil)

Tasca, Daniele
　　Um anjo por amigo : a história de Mateus e Camilo / Daniele Tasca ; tradução Silva Debetto C. Reis ; ilustrações de Sara Felli. – 5. ed. – São Paulo : Paulinas, 2009.

　　Título original: Un angelo per amico : la storia di Matteo e Camillo.
　　ISBN 978-85-356-0696-6

　　1. Literatura infantojuvenil I. Felli, Sara. II. Título. III. Série.

09-11512　　　　　　　　　　　　　　　　　CDD-028.5

Índices para catálogo sistemático:
　1. Literatura infantil　　028.5
　2. Literatura infantojuvenil　　028.5

Título original da obra: *Un angelo per amico – La storia di Matteo e Camillo*
© Paoline Editoriale Libri – Figlie di San Paolo – Via Francesco Albani, 21 – 20149 Milano, 1997.

Revisado conforme a nova ortografia

Direção-geral:　　　　　　*Maria Bernadete Boff*
Coordenação editorial:　　*Noemi Dariva*
Tradução:　　　　　　　　*Silva Debetto C. Reis*
Revisão:　　　　　　　　　*Maria Teresa Voltarelli*
Gerente de produção:　　　*Felício Calegaro Neto*
Direção de arte:　　　　　 *Irma Cipriani*
Ilustrações:　　　　　　　 *Sara Felli*
Editoração:　　　　　　　 *Andrea Lourenço*

5ª edição – 2009
4ª reimpressão – 2024

Nenhuma parte desta obra poderá ser reproduzida ou transmitida por qualquer forma e/ou quaisquer meios (eletrônico ou mecânico, incluindo fotocópia e gravação) ou arquivada em qualquer sistema ou banco de dados sem permissão escrita da Editora. Direitos reservados.

Cadastre-se e receba nossas informações
paulinas.com.br
Telemarketing e SAC: 0800-7010081

Paulinas
Rua Dona Inácia Uchoa, 62
04110-020 – São Paulo – SP (Brasil)
📞 (11) 2125-3500
✉ editora@paulinas.com.br

© Pia Sociedade Filhas de São Paulo – São Paulo, 2001

Apresentação

Tudo começou quando a avó de Mateus foi pegar os exames médicos que revelaram a grande novidade: Deus finalmente abençoava a nossa união, concedendo-nos um filho: Mateus.

Esperar um bebê é uma experiência que fascina e comove. Saber que de algum modo se contribuiu para a criação de uma nova vida constitui uma alegria única e extraordinária.

Infelizmente, poucos dias depois, esta grande felicidade foi perturbada por uma perigosa ameaça de aborto. Os médicos achavam que a gravidez tinha poucas chances de prosseguir, uma vez que o descolamento da placenta crescia, embora a mãe de Mateus permanecesse imóvel no leito do hospital.

Contudo, passar da alegria para o desespero fez crescer em nós a convicção de que só Deus podia ajudar-nos a viver semelhante experiência, de maneira positiva.

Naqueles momentos tão difíceis, consolou-nos o pensamento de que nosso filho (antes de tudo, filho de Deus) não estava só, mas acompanhado pelo seu Anjo da Guarda. Confortou-nos, também, o pensamento de que este o acalentava, protegia e vivia junto do nosso bebê, durante as primeiras etapas da sua formação física, transmitindo-lhe as primeiras e fundamentais "coisas da vida", e sobretudo ajudando-o a reconhecer os "talentos" já semeados em seu coração para torná-lo, no futuro, um ser adulto e amadurecido!

Agora que Mateus é uma criança linda, grande e esperta, como, aliás, já fora na barriga da mamãe, alimentamos um desejo especial: que leia esta história quando crescer, saboreando-a de três maneiras: primeiramente, como testemunho de nosso amor por ele; depois, como a certeza do imenso amor de Deus, de Maria e Jesus por ele (e cada ser humano); e, enfim, como prova da grande amizade do seu Anjo da Guarda.

Tudo isso desejamos não só a Mateus, mas também a cada leitor destas páginas, seja ele criança ou adulto.

O ENVIADO ESPECIAL

Era um dia especial no Céu! Os Anjos da Guarda movimentavam-se em trepidante expectativa. Todos esperavam que Deus aparecesse na porta sobre a qual cintilava um letreiro luminoso: Concepção em andamento...

Finalmente, quando a luz se apagou, Deus apareceu, cansado, porém muito, muito feliz.

– Caros amigos, neste momento, demos início a um novo projeto de vida! Que emoção! Já criei milhares de crianças. Mas é sempre como se fosse a primeira vez. Agora, meus queridos Anjos, vou precisar de um de vocês. Como sabem, para mim uma criança é um bem precioso. Por isso, quero que ela tenha sempre ao seu lado um amigo, que desempenhe muito, mas muito bem mesmo, o dever que, hoje, lhe vou confiar. E então, quem quer fazer isto?... Com quem posso contar para essa delicada tarefa?

– Eu!... Eu!... Eu!... – gritaram, em coro, todos os Anjos da Guarda.

– Calma, calma! Essa é uma decisão importante! – exclamou Deus. Depois, voltando-se para um Anjo da Guarda que, muito ansioso, gostaria de ser escolhido, disse: – Você, como se comportaria?

– Ficaria, ou melhor, ficarei sempre atento e vigilante! Não deixarei que ninguém lhe faça algum mal! – respondeu o Anjo sério e convicto.

– Eu, ao contrário, vou guiá-lo com sabedoria, dando muitos conselhos para o seu bem! – intrometeu-se outro Anjo da Guarda.

Enquanto isso, passeando em meio ao vozerio de mil "Eu, eu..." e o barulho de rufar de asas, Deus percebeu um Anjo da Guarda que se mantinha timidamente a distância. Primeiro olhou-o intensamente. Depois, perguntou-lhe: – E você, Camilo, o que faria por essa criança?

– Eu? – respondeu humildemente Camilo. – Bem, para dizer a verdade, ainda não sei. Só sei de uma coisa: iria amá-lo muito. Aliás, até já sinto que o amo! Depois, iria rezar para que o Senhor lhe conceda um coração puro e generoso...

— Não precisa dizer mais nada! Você já me convenceu! – interrompeu-o Deus, convencido de ter encontrado o Anjo da Guarda certo: um amigo de verdade. E acrescentou: — Lembre-se de que, daqui por diante, sua única e grande tarefa será amar, iluminar, proteger e ajudar essa criança sempre, nos momentos difíceis e nos alegres da vida. Ah, sim, já ia me esquecendo: essa criança vai chamar-se Mateus. Aqui está seu retrato e o mapa do caminho que você deverá percorrer para chegar até ele! Agora, arrume suas coisas e corra ao encontro dele!

Camilo não cabia em si de tão contente. Pulava que nem canguru!

Mas as surpresas daquele dia não terminaram aí.

Enquanto juntava o necessário para a viagem, uma luz encheu completamente a sua pequena nuvem: era a luz de Maria, a Virgem Mãe. Viera cumprimentá-lo e infundir-lhe coragem para a tarefa que o esperava. Acariciou-o, beijou-lhe a fronte e prometeu-lhe sua ajuda no que fosse possível. Camilo ficou comovido e, ao virar-se para saudá-la uma última vez, captou dela um olhar tranquilizador e cheio de ternura.

Camilo alçou voo... Passou por galáxias, estrelas e planetas... Por fim, entrou na órbita da Terra e foi direto à casa do Mateus. Entrou e viu que a mãe da criança estava cozinhando. Finalmente havia quase chegado! Cheio de alegria e de esperança, mergulhou de cabeça na barriga da futura mamãe e chegou até Mateus.

O ENCONTRO COM MATEUS

Mateus e Camilo viram-se um diante do outro. O bebê era muito pequenino e, propriamente, nenhum modelo de beleza... Tinha uma cabeça enorme, um tubo esquisito saindo da barriga. Mas já era bastante curioso. Abriu um olho, depois o outro... Ficou olhando, em silêncio, o recém-chegado. Deu uma voltinha ao redor dele e, só depois de observá-lo bem, começou a se interessar por ele. Então, perguntou-lhe: – Quem é você? De onde veio? E quem sou eu? Onde estou? O que estou fazendo aqui? E você, onde estava antes? E eu? Isso aqui é muito chato, nunca acontece nada! Você também mora aqui? Vamos brincar?

– Calma, menino – interrompeu Camilo. – Se você tiver a paciência de esperar um pouco, lhe explicarei tudo! Bom, sou seu Anjo da Guarda e...

– Meu Anjo da Guarda? Que maravilha! Mas o que é um Anjo da Guarda? Eu também sou Anjo da Guarda? Depois, apontando para as asas de Camilo: – Que beleza! O que é isso? Por que também não tenho isso?

– Começamos bem! – exclamou Camilo. E, depois de um instante de silêncio, com toda a calma continuou a explicação: – Como já falei, sou o seu Anjo da Guarda. Quer dizer: sou o seu primeiro amigo. Mas você nem me deu tempo para explicar bem: vou ser seu amigo para sempre! Vou ficar a seu lado e você vai poder falar comigo quando quiser. Perto de mim, você vai crescer forte e também descobrir as primeiras coisas de que você precisa para viver. Vai ser bom ficarmos sempre juntos! Acredite!

— Ai, como você fala! Afinal, vamos brincar ou não? Você fala, fala, e eu nem entendo direito, sabia? Sou muito pequeno ainda, não está vendo? Vem cá: explica-me essa palavra "vida"! Achei-a bonita, porém não a entendi! Eu sou... *vida*?

— É isso aí: você é vida! Você é um maravilhoso projeto de vida e, logo, logo....

Mas Camilo foi novamente interrompido por Mateus e sua natural vontade de brincar: — Você não consegue parar de falar, não? Que tal a gente começar a brincar? Antes, porém, diga-me uma coisa: qual é o meu nome? Gostaria de me chamar Anjo, como você. Posso ficar um pouquinho no seu colo? Só um pouquinho, vai? – disse Mateus aninhando-se nas asas de Camilo. Em seguida, com uma das mãos agarrou uma das orelhas do Anjo, e enfiou um dedinho da outra na boca como chupeta...

— Não! Você não se chama Anjo; seu nome é Mateus – sussurrou-lhe Camilo enquanto o acariciava. – Para a ciência, você é ainda um embrião, quer dizer, um pequeno ser vivo em crescimento. Mas para mim você já é um bebê, um maravilhoso filhote de gente. Olhe-se no espelho!

Mateus olhou e, como num passe de mágica, o espelho não refletiu a imagem de Mateus pequenino, e sim a de Mateus já adulto.

Com um tom sempre mais afetuoso, Camilo prosseguiu: – Sabia que Deus, nosso Pai bondoso, encarregou-me de ser seu amigo? Você devia ver como ele ficou emocionado, quando o colocou dentro de sua mamãe.

Espantado por Mateus não falar nem interrompê-lo mais, o anjo olhou para ele e viu que, finalmente, o bebê adormecera em seu colo. Ficou a fitá-lo longamente. Depois, beijando-o como Maria fizera com ele, exclamou: – Espero que nesse coraçãozinho, que está batendo, Deus já tenha entrado e permaneça para sempre. Agora, durma tranquilo, Mateus, meu amiguinho!

Enfim, olhando para o céu, continuou: – Que dia, querida Maria! Olhe só, ele ainda não sabe rezar. Tenho certeza, porém, de que gostaria que você dissesse a Jesus por ele: "Jesus, meu amigo, ajude-me a crescer sadio e forte e dê-me um coração puro e generoso!".

AS DESCOBERTAS DE MATEUS

Depois de umas poucas semanas, Mateus e Camilo já eram amigos: conversavam, brincavam e divertiam-se. E, a cada dia, o bebê ia descobrindo coisas novas.

– Ei, Camilo, o que está acontecendo hoje? Por que tudo está tremendo por aqui? – perguntou Mateus, todo apavorado.

– Fique calmo. Sabe o que é? É que hoje sua mãe ficou sabendo da sua existência. Por isso, está muito emocionada. Daí...

– Mamãe? – interrompeu Mateus. – O que é mamãe? É outro Anjo da Guarda?

– Claro que não! – respondeu Camilo, sorrindo. – É muito mais que um Anjo da Guarda. É a pessoa que ama você mais que os outros. Hum..., depois de Deus, naturalmente!

– Que maravilha! – exclamou Mateus, arregalando os olhos, todo surpreso. – Ela me ama mais que você?

– Você vai ver! Sua mamãe vai dar-lhe de comer, quando você estiver com fome; vai brincar com você, vai embalar você, quando você estiver dormindo no bercinho ou no colo dela. E... mais que tudo: nunca vai deixar de amá-lo! Escute só como seu coração está batendo: você não sente uma coisa diferente, uma sensação diferente?

– Sensação? O que é sensação? É talvez o meu coração, quando bate mais forte? Ou quando eu tenho vontade de rir? Ou será que é porque não consigo parar quieto? – perguntou Mateus. Depois, acrescentou, sério: – Mas uma coisa é certa: é tão gostoso sentir isso!

– Bem, que você não consegue parar um minuto não é nenhuma novidade. Coitados dos seus pais! – respondeu Camilo. – Sensação é exatamente o que você está sentindo, meu amiguinho. A sua, agora, é uma sensação de alegria e está sendo transmitida por sua mãe. Ela chora porque se sente feliz de ter você aqui, dentro dela. Para ela, você começou a existir hoje!

– Ah, já estou sentindo que gosto muito, muito dela! – exclamou Mateus, enquanto puxava com força o cordão umbilical para ser percebido por sua mãezinha. – Ei, mamãe, não chore! Depois, disse para o Anjo: – Puxa! ela não me escuta?...

Então, Camilo aproximou-se de Mateus e, pousando uma das asas no ombro dele, respondeu: – Por enquanto não, porque você é muito pequeno! Mas logo ela vai senti-lo. Precisamos preparar-nos para o momento desse encontro... Imagine só que festa de beijos não vai ser!

Deitado diante do Anjo e apoiando o queixo nas mãos, Mateus escutava-o com muita atenção. Mas, de repente, com ar preocupado, perguntou-lhe: – Olhe aqui! Você vai continuar gostando de mim também depois, não é?

Colocando-se na mesma posição de Mateus, seu Anjo o tranquilizou:
– É claro que sim. Você pode contar comigo. Vou gostar de você sempre. Mas muita gente também vai amar você: a mamãe, o papai, seus avós, seus tios e muitos, muitos amigos!

– Não me diga, Camilo. Aí fora tem lugar para essa gente toda?! Cabe todo mundo, não fica apertado? E...vai ter lugar para mim também? Gente, que dia cheio de emoções! É melhor descansar um pouco. Que tal você contar uma historinha para mim? Conte aquela do Anjo da Guarda que adormeceu lá no bosque!...

MATEUS NA TELEVISÃO

Em pouco tempo, Mateus descobriu para que serviam seus pés. Então, chutar o cordão umbilical passou a ser sua brincadeira preferida.

— Cem, cento e um, cento e dois. Mais dez e bato o recorde de chutes do Camilo. Agora vou treinar aquele chute a gol... E acertou em cheio o Anjo que estava entrando naquele exato momento.

Camilo caiu, atordoado, e Mateus ainda reclamou: — Mas que coisa! Você acabou de interromper um recorde garantido! E, dando-se conta do que fizera, inclinou-se sobre o Anjo e perguntou-lhe: — Ei, fale comigo, diga alguma coisa...

— Onde estou? Você anotou a placa do caminhão que me atropelou? — balbuciou Camilo ainda confuso. Depois se levantou e chamou a atenção do amiguinho: — Quantas vezes já lhe disse que aqui não é lugar de jogar

futebol? Olhe só que bagunça! Logo hoje que sua mamãe vai ver você na tevê! Rápido, vamos brincar de arrumar tudo de novo!...

Vendo que Mateus não entendia nada e prevendo a chuva de perguntas que já ia cair, Camilo antecipou-se: — Não comece com suas perguntas! Deixe que eu lhe explico tudo: sua mamãe está no consultório do médico. Logo, logo, ela vai poder ver você pela primeira vez. De que jeito? Olhando para uma espécie de televisão em que você vai aparecer. Essa mágica chama-se ultrassonografia. Por isso, você tem de estar muito bonito, e, aqui dentro, tudo na mais perfeita ordem. Quer ajudar-me, por favor?!

Camilo ia falando e arrumando rapidamente o que via pela frente. Mateus, ao contrário, nem dava bola. E, muito calminho, ficou pensando. Depois de pedir, pela quinta vez, mais explicações, deixou seu Anjinho impaciente: – Chega, Mateus. Já penteou os cabelos? Ande logo, dê um sorriso, já está quase na hora! E, preocupado: – Você já escovou os dentes?...

– Dentes!? Que é isso? – respondeu Mateus. – Acho que você está virando criança... Deve ser a idade! Ah, mas que emoção, gente! Mamãe vai me ver! Será que estou bem assim? Ou assim? Escute, será que mamãe vai gostar

de mim? Porque... pra ser um filhote de gente, não sei não, acho que não sou um modelo! – concluiu Mateus, escondendo-se atrás do cordão umbilical.

Camilo acabou a arrumação e, em tom tranquilizador, disse: – Garanto que sua mamãe já está louca por você, mesmo sem nunca o ter visto! Imagine só, quando o vir! Mas, pronto, chegou a hora: ... sorria e faça ar de gente inteligente, vamos! Quieto, assim, assim está bem, ótimo... mais um segundinho, aí,... aí, ok,... acabou... Agora você já pode relaxar.

Camilo piscou o olho e ordenou-lhe: – Fique aí um instantinho só, vou escutar o que sua mamãe está conversando com o médico, tá?

Mateus, curioso como ele só, encostou a cabeça na barriga da mamãe para tentar escutar também. Mas foi inútil. Então, esperou a volta de Camilo, que não demorou muito. Estava triste e preocupado.

— Que foi? Mamãe não gostou de mim? Vamos, fale logo. Foi isso, não é? – antecipou-se Mateus, muito preocupado com o jeito de Camilo. – Então, por que agora não me sinto feliz como antes? Sou pequeno, é verdade, mas estou aprendendo a entender quando mamãe está contente e quando não está.

— Fique tranquilo, neném! Sua mamãe só está um pouco cansada, mas garanto a você que ela adorou vê-lo e o ama muito mais do que antes! Agora preciso ir, tenho uma coisa importante para resolver. Não se preocupe, eu volto já. Enquanto isso, continue a brincar. Depois você vai me contar se conseguiu bater o recorde dos chutes, tá legal?

Camilo saiu a tempo de esconder de Mateus a lágrima que brilhava em seus olhos. Conseguira segurá-la a custo, desde que escutara o médico dizer à mãe de Mateus que ele corria risco de vida. De fato, a placenta, o pequeno quarto em que ele morava, estava descolando. Por causa disso, muito em breve já não poderia mais dar a Mateus alimento e proteção. Então?!...

MATEUS EM PERIGO

Camilo andava muito preocupado. Como não achava solução para o seu problema, foi procurar Maria, a mãe de Jesus.

Nossa Senhora esperava por ele e recebeu-o, dizendo-lhe logo: – Camilo, meu querido, já sei de tudo!

– Ai, Maria, que posso fazer? Faria qualquer coisa pelo levadinho do Mateus! Eu... estou desesperado. Sinto-me tão incapaz, numa hora dessa! Ilumine-me! O que posso fazer por ele? – perguntou Camilo, desconsolado.

– Confesso que também eu ando bem preocupada com o caso do pequeno Mateus – respondeu-lhe Maria. – A única coisa que podemos fazer é falar com Deus, e rezar, rezar muito. Fale com os Anjos da Guarda dos pais, parentes e amigos do Mateus para que deem um jeito de seus protegidos rezarem por ele. Depois, volte aqui...

Camilo fez logo tudo o que Nossa Senhora lhe aconselhara. Depois, foi avisar Mateus do perigo que ele corria.

– Por onde andou esse tempo todo? – indagou Mateus assim que o viu. – Sabe, não me sinto bem. Meu coração bate triste e não entendo o porquê.

– Querido Mateus – disse Camilo, fazendo sinal para que sentasse juntinho dele. – Há uma coisa que preciso dizer a você. Escute: existe uma possibilidade de você não nascer... Veja, você está triste porque sua mamãe também está triste, muito triste e preocupada com você!

– O que você está dizendo? – exclamou Mateus. – Como não vou nascer? E se eu não nascer, o que me acontecerá? E mamãe? Quero ver minha mãe, tocá-la, acariciá-la... e você chega dizendo que eu não vou nascer!? Ah, você não está enganado? Eu vou nascer sim! É claro que vou!

Então, Camilo explicou-lhe: – Se você não nascer, vai se tornar um Anjo da Guarda como eu e vai proteger outro bebezinho igual a você.

Mateus, cada vez mais sério, espantou-se: – Como você? Mas você acaba de dizer "se", isto é, "talvez". Portanto, ainda resta uma chance, não foi dita a última palavra! Em seguida, olhou fixamente para o Anjo e perguntou-lhe: – Agora me diga: existe alguma coisa que eu possa fazer para nascer?

– Para falar a verdade, existe sim! – respondeu com firmeza Camilo. – Escute bem: agora, sua mamãe está na igreja, participando da Missa, e vai receber Jesus na comunhão. Pelos meus cálculos, se não errei, daqui a pouco Jesus vai passar por aqui. Preste bem atenção: aproveite a chance e fale com ele. Não se preocupe com o que você vai dizer. É Deus quem vai colocar as palavras certas na sua boca!

– Já entendi – respondeu Mateus. E pediu para Camilo deixá-lo sozinho... – Sabe como é,... essas são coisas muito íntimas e pessoais...! – explicou.

18

Camilo não se conteve e estalou um beijão na testa de Mateus.

Quando Jesus chegou, Mateus o chamou: – Oi, querido Jesus. Eu sou Mateus. Ainda não o conhecia pessoalmente. Afinal, nunca brincamos juntos! Mas sei que você é meu grande amigo e que gosta muito de mim. Deixe-me falar do meu problema. Sabia que o Camilo (meu Anjo da Guarda, que é meio atrapalhado, mas muito bonzinho e paciente comigo) me disse que talvez eu não possa nascer?... Senti um pouco, aliás, senti muito mesmo! Mas sinto mais pela mamãe. Afinal, você sabe como são as mães, não é? Qualquer coisinha, e logo ficam preocupadas. A sua também é assim? Vamos, fale dela para mim... Eu ainda não vi a minha! E, pelo jeito, parece que não vou vê-la nunca... Querido Jesus, sei que poderei me tornar um Anjo, mas aí a mamãe vai sofrer muito. E então? Olhe só: sou pequeno, porém entendo que você só quer o meu bem. Então aceito o que vier! Até mesmo se... Você entendeu, não é? Tchau, meu amigo, e muito obrigado!

6

TORCIDA POR MATEUS...

Camilo fez o que pôde. Agora só lhe restava voltar para Maria e esperar boas novidades.

Como da vez anterior, a mãe de Jesus recebeu-o carinhosamente: – Camilo, você foi ótimo! Que grande ideia sugerir aquele encontro de Mateus com o meu Filho! Jesus está encantado com Mateus, assim como, aliás, está com todas as outras crianças. Escute bem, Camilo, tenho boas notícias: soube que Jesus teve uma longa conversa com Deus Pai e, agora, eles estão lá à nossa espera! Acredito que seja para nos comunicar uma boa novidade!

Num piscar de olhos, Maria e Camilo estavam diante de Deus Pai e Jesus.

A escrivaninha de Deus estava cheia de cartas de um comitê pró-Mateus.

– Oi, Camilo – cumprimentou-o Deus – você é o Anjo da Guarda de Mateus, não é?... Neste momento, ele é o bebê mais famoso do Céu! Veja só quantas cartas! Tudo por causa dele, e todas pedem a mesma coisa! E não para aí. – Ligou a secretária eletrônica, e imediatamente se ouviu uma gravação com mensagem em favor da vida de Mateus. Depois, Deus prosseguiu: – Deve haver milhares de mensagens gravadas... E já leu as nuvenzinhas de propaganda? Todas com o mesmo *slogan*: "Mateus vivo!". Há também os programas siderais, a imprensa dos meteoros, as rádios das constelações... tudo, enfim, na luta pela vida do Mateus! E tem mais. Dê uma olhada lá fora: os Anjos da Guarda dos parentes dele fazem passeata, dia e noite, para que Mateus possa nascer! Para completar, toda vez que Maria e eu con-

versamos, direta ou indiretamente sempre terminamos... no caso "Mateus".

– Desculpe se me atrevo – interrompeu Camilo timidamente. – Mas não era esta minha tarefa? Não é, talvez, meu dever amá-lo? E isso tudo não significa fazer o possível para protegê-lo de todo perigo e querer o melhor para ele? Olhe, por aquele toquinho de gente eu sou capaz de... Depois, olhando para Maria corrigiu: – Nós estamos dispostos a qualquer sacrifício!

– Estou vendo que você gosta daquele pimpolho! Quase quanto eu! – concluiu Deus. – Fico feliz por tê-lo escolhido para proteger Mateus, sabe? Por isso, tendo em vista os últimos dados do desenvolvimento dele, e sobretudo o esforço de todos, Mateus vai nascer. Agora, volte para ele e dê-lhe um grande beijo por mim e por seu grande amigo Jesus. E também não se esqueça de dizer-lhe: "Deus só deseja o seu bem".

Esse fora o mesmo pensamento que Mateus captara de Jesus no encontro com ele e expresso com as mesmas palavras.

Camilo saiu eufórico da sala de Deus e voou até Mateus para dar-lhe a grande notícia.

Achou o bebê entretido em balançar-se no cordão umbilical e chupando o polegar. Quando avistou o Anjo, cumprimentou-o um tanto distraído: – Oi, Camilo, tudo bem?

– Oi, Mateus! Tenho grandes novidades! Mas, o que você está fazendo?

– Estou aproveitando esses minutos – respondeu calmamente o bebê. – Sabe lá, talvez possam ser os últimos. Mas que estranho! Sinto-me tão calmo! Pensei muito e decidi que devo manter-me tranquilo, porque sei que, aconteça o que acontecer, sempre serei muito amado. Veja só: se eu nascer, serei amado por mamãe; se, ao contrário, me tornar um Anjo, serei amado por alguma criança! Não acha que os dois casos são maravilhosos?

– Sim, maravilhosos! Mas a grande notícia que trago é que o amor que você vai ter é o... da sua mamãe – disse Camilo, pulando de alegria. – E também o do papai e de muita gente (e garanto que é muita, de verdade)! Querido Mateus, você vai nascer!

Abraçaram-se com força. Logo depois, Mateus encostou a cabeça na barriga de sua mãe e sentiu uma leve carícia. Mas perguntou: – E mamãe já sabe? Sinto que ainda está muito triste!...

– Ainda não – respondeu-lhe o Anjo. – Mas Jesus vai dar-lhe força e serenidade para que supere esse momento difícil. E aí, ela vai amar você ainda mais.

Finalmente, os dois voltaram a brincar, muito alegres...

22

O PRIMEIRO NATAL DE MATEUS

Era véspera do Natal e Camilo teve a brilhante ideia de criar um clima propício para passar a festa junto com Mateus.

– O que você está fazendo? – perguntou Mateus a Camilo, que estava arrumando o presépio. Depois, quando percebeu que o Anjo pegara seu cordão umbilical, protestou: – Ei, deixe meu cordão. Para mim ele é muito importante!.

– Esta noite é a véspera do Natal. Você já escreveu sua cartinha para o Papai Noel? – replicou Camilo, despreocupado.

– Carta? E como vou fazer isso, se nem sei escrever? Desculpe, Camilo, afinal que história é essa? O que é Natal e quem é esse Papai Noel?

– O Natal é uma grande festa, um dia de muita alegria para todos! Melhor dizendo, é o dia em que festejamos o nascimento de Jesus! – explicou Camilo. Depois, apontando para São José: – Esse aqui é o pai, Nossa Senhora é a mãe e esse aqui é Jesus, pequenino, mais ou menos como você quando nascer! Juntos, eles formam uma família!

– Mamãe! Não vejo a hora de me encontrar com ela! – exclamou Mateus. – Será que papai vai gostar de mim, vai brincar comigo? Por que até agora ainda não apareceu? Queria ao menos sentir o calor da mão dele!

– Seu desejo vai ser satisfeito! – garantiu-lhe Camilo. – Esta noite, quando cantarmos o canto que eu ensinei, você vai sentir o papai! Vai ver só que sensação de felicidade! E virá também o Papai Noel para trazer-lhe presentes!

23

– Presente? Que palavra legal! Mas, que noite temos pela frente, hein? É melhor tirar um cochilinho! – disse Mateus deitando-se.

– Fique à vontade – sussurrou-lhe Camilo, acariciando-o. – Será uma longa noite!

Quando chegou a hora tão esperada, Camilo apareceu vestido de Papai Noel.

Mateus olhou-o sério e perguntou: – Quem é você? Como entrou aqui? Onde está o Camilo?... Quando preciso dele, nunca está. Após um minuto em silêncio, prosseguiu: – Por acaso você é o Papai Noel? Como você se parece com o Camilo! Você não o encontrou por aí? Que danadinho, esse meu Anjo! Primeiro diz que vamos festejar; depois, desaparece! E que pacotes são esses? São os presentes, não é? E quando vou ganhar um?

– Isso mesmo, são os seus presentes e são muito valiosos. Então preste muita atenção: este aqui foi Deus quem o mandou para você: é a semente da *fé*; Jesus lhe mandou a semente do *amor*; a mãe de Jesus lhe mandou a semente da *pureza*; sua mamãe, a semente da *saúde*; seu papai, a semente da *generosidade*; seus avós, a semente da *sabedoria*; por fim, seu Anjo da Guarda lhe mandou a semente da *esperança*.

– Fique sabendo que essas sementes representam apenas o início das qualidades das quais você vai precisar, quando crescer. Por isso, você deve protegê-las com o maior cuidado e cultivá-las dentro de você, de modo que elas deem bons frutos. Só assim você se tornará uma pessoa feliz!

– Espere! – pulou Mateus, puxando a ponta da túnica de Camilo. – Espere um minuto; ainda que eu não tenha nada, também quero dar um presente para você: um pedaço do meu coração... Depois, arrancando a barba falsa de Camilo, beijou-o na face, dizendo: – Obrigado por tudo o que você fez e ainda vai fazer por mim!

Visivelmente comovido, Camilo replicou: – Espero mesmo que se lembre daquilo que você me disse, mesmo nos momentos difíceis. Mas agora vamos preparar-nos para dar as boas-vindas a Jesus, que está nascendo.

Deram-se as mãos e cantaram a mesma música que seus pais estavam cantando. A certa altura, a mão do papai de Mateus acariciou a barriga e a cabeça do filhinho.

– Essa aí é a mão do papai; eu sinto! Que legal! – exclamou Mateus, encolhendo-se o mais que podia.

– Obrigado, Jesus, porque você me deu uma família que me ama!

MATEUS VAI À ESCOLA

Mateus crescia cada dia mais. Sua única ocupação era brincar. Brincava com tudo, até com as penas das asas do Camilo, com as quais fez um cocar de índio.

– Mateus, você já está grandinho! – reclamou Camilo com uma flecha colada na testa, enquanto tentava colocar de novo as penas na asa. – Já é hora de ensinar a você algumas coisas necessárias para viver!

Por isso, Camilo tomou ares de professor, colocou os óculos, tirados não sei de onde, e pôs diante dos olhos de Mateus o horário das aulas...

– Como já deve ter percebido, agora, vamos brincar de escola – disse Camilo decidido. – A brincadeira é assim: eu falo, e vocês escutam com a maior atenção. Está certo? Vamos começar pela chamada: Mateus!...

Antes de responder "presente", Mateus deu uma olhada para ver se via mais alguém. Depois se deu conta de que só queria gozar do Camilo e respondeu: – Estou aqui. Para onde você acha que eu tinha ido? Mas por que não brincamos de outra coisa, hein? Isso aqui é uma chateação das boas.

Sem dar a mínima às perguntas de Mateus, Camilo prosseguiu: — Já que *estão todos* aqui, vamos começar pela primeira matéria: História. Nossa história toda, de ontem, de hoje e de amanhã, possui um elemento comum: Deus. É ele o centro de tudo. Depois, mostrando um desenho, explicou: — Ele criou o mundo do nada: fez o céu, o mar, a terra, as plantas, os animais e cada um de nós. Criou tudo por amor, porque ama tudo e todos como um pai.

Mateus escutava um pouco curioso e um pouco confuso.

— Agora, passemos à Geografia. Você está exatamente aqui, neste ponto, e percebe sua mamãe daqui de dentro, sente seu coração e suas emoções. Para ver a mamãe lá do lado de fora, admirar seu sorriso e seus olhos, você vai ter de seguir esse caminho – disse Camilo mostrando a Mateus um mapa em que estava desenhado o trajeto que, dentro em breve, ia percorrer para nascer. — Não tem erro: siga sempre em frente. Quando você perceber a luz, quer dizer que chegou lá!

Enquanto Mateus examinava o mapa, Camilo passou para a terceira lição: — Durante os primeiros tempos, você não vai saber falar a estranha língua que os adultos usam... ainda que, para dizer a verdade, às vezes nem eles entendem quando a usam! Por isso, para você se comunicar, vai ter de recorrer ao choro e ao sorriso. Fique sabendo que há vários tipos de choro, um para cada necessidade diferente: fome, dor, cansaço, e assim por diante... Às vezes, o choro não atinge o desejo esperado. Então mude para outro meio mais sofisticado: o riso. Estou certo de que nisso você vai se dar muito bem!

A essa altura, Mateus abriu um sorriso orgulhoso, mostrando suas gengivas rosadas.

Em seguida, Camilo mostrou-lhe o desenho do corpo humano e explicou: – Agora, chegamos à quarta e última matéria: Ciências. Meu querido Mateus, você precisa aprender também uma coisa muito importante: você é menino, como o papai, e não menina, como a mamãe. Essa diferença fundamental, que vai acompanhar você pela vida afora e lhe permitirá transmiti-la a outras pessoas, é um presente de Deus, e dos mais preciosos. Então, eu lhe recomendo: cuide muito bem dela.

Mateus, porém, já muito cansado, nem prestava mais atenção ao que Camilo lhe ensinava. Então, em tom solene o Anjo disse: – Ilustríssimo pedacinho de gente! Uma vez que você superou brilhantemente todas as provas desse breve, porém importante, cursinho, eu o declaro apto a dar início à sua feliz viagem da vida!...

28

O NASCIMENTO DE MATEUS

A Páscoa chegou e, com ela, a hora de Mateus nascer. Já estava bem grande e muito pesado (a mamãe que o diga!). Mas o bebê não queria saber de vir cá para fora. Pelo contrário, preparou-se e ajeitou tudo para participar do tradicional piquenique da Páscoa...

– Meu querido Mateus, acho que você pode passar a Páscoa sem mim – disse sério Camilo. – Seu nascimento já está com dez dias de atraso! Você tem de resolver sair! Afinal, como lhe devo dizer? Quer queira quer não, você vai nascer hoje!

– Ei, que brincadeira é essa? Estou muito bem aqui dentro. Olhe só! – replicou Mateus, tentando virar-se, mas sem conseguir...

– Não dá para entender! – explodiu Camilo. – Antes, você não via a hora de sair para encontrar sua mamãe e seu papai. E agora, fica fazendo manha! Por acaso você está com medo?

– Medo, eu?! – revidou Mateus, em tom de provocação. – Está pensando o quê?! É porque sinto ter de deixá-lo e ir embora. Afinal, somos amigos, não é?

– Sim, é claro que somos amigos! – respondeu Camilo, que já tinha entendido o pensamento de Mateus. – Mas você sabe muito bem que não é esse o caso!

De repente, sentiram tremores. Eram as contrações que empurravam

Mateus para fora. O pimpolho agarrou-se em Camilo, que o animou: — Calma, não se preocupe, está tudo bem. Vamos lembrar o que você tem de fazer para nascer. Preste bem atenção: assim que chegar lá fora, chore imediatamente.

— Tudo bem. Vou berrar; só assim respirarei – disse Mateus, imitando a voz de Camilo. E prosseguiu: — Olhe aqui, isso tudo é uma chatice! Lá fora vou ter de fazer coisas que a mamãe é que fazia, e muito bem (frisou a palavra *muito*). E se eu não conseguir chorar? Afinal, sou um tipo muito alegre! Conclusão: lá fora as coisas são bem mais difíceis, não? E nós dois, eu e você, como ficamos? Não quero que, depois que eu estiver lá fora, você pense: "Bem, agora que ele já tem sua mãe, vou dar o fora!".

— Calma! Você sabe muito bem que somos amigos para sempre! Só que, depois que você sair daqui, nossa amizade vai ser diferente. Você não me verá nem me sentirá, mas eu sempre verei e sentirei você. Isso também tem explicação: se você continuasse a ver-me, sua vida ficaria condicionada à minha presença! Dificilmente você faria amizade com outras pessoas, e talvez nem assumisse responsabilidade alguma. Então, é para o seu bem que seja assim.

— Meu bem? Está certo! Com essa história de que tudo é "para o meu bem", você quer jogar para cima de mim um monte de coisas chatas! Esta é a verdade! Jesus, Maria, escutem só o que meu Anjo está falando! Vocês acham que está certo?

— Você precisa confiar em mim – tranquilizou-o Camilo. — Sabe que lhe quero muito bem e nem por sonho faria mal a você. E, depois de um instante de silêncio, prosseguiu: — Preste muita atenção, agora! Sempre que quiser falar comigo e sentir minha presença junto de você, diga estas palavras: "Santo Anjo do Senhor, meu zeloso guardador, se a ti me confiou a piedade divina, sempre me rege, me guarda, me governa e me ilumina, amém".

Mas o tempo se esgotara. Nesse instante, Mateus sentiu-se fortemente empurrado para fora da barriga de sua mãe. Enquanto nascia, ainda disse a Camilo: – Espere, Camilo! Quase nem posso vê-lo mais... sinto-me puxado novamente para dentro! Proteja-me! Ai, meu Anjo, espere um pouquinho só! Só um instante!...

– Tchau, Mateus, não se preocupe! Tudo vai dar certo, você vai ver! – respondeu-lhe Camilo. – Não se esqueça de cultivar as sementinhas! Tchau, meu amiguinho!

Finalmente, Mateus nasceu!...

E Camilo continua junto dele. Ainda que ninguém o veja, todo mundo sabe que está e sempre estará perto de seu amiguinho, para protegê-lo e amá-lo...

SUMÁRIO

Apresentação 3

1. O enviado especial 5

2. O encontro com Mateus 8

3. As descobertas de Mateus 11

4. Mateus na televisão 14

5. Mateus em perigo 17

6. Torcida por Mateus 20

7. O primeiro Natal de Mateus 23

8. Mateus vai à escola 26

9. O nascimento de Mateus 29